INFLUÊNCIAS POSITIVAS

INFLUÊNCIAS POSITIVAS

PARA TRAÇAR SUAS METAS E OBJETIVOS EM DIREÇÃO AO SUCESSO

Dados pessoais

Nome

Endereço

Cidade CEP UF

Telefones

E-mail

LinkedIn

Outras redes sociais

Empresa

E-mail corporativo

Telefone corporativo

INFORMAÇÕES IMPORTANTES

Grupo sanguíneo

Alergias

Contatos para emergência

Assistência médica

Apresentação

Há tempos, pensadores, mentores e coaches têm se debruçado sobre um melhor modo de as pessoas conquistarem uma vida mais plena, apresentando soluções para mudanças de hábitos, criando metodologias para medir o desempenho tanto no âmbito pessoal quanto profissional e desenvolvendo manuais eficazes para o sucesso nas relações, como fez o escritor e orador Dale Carnegie, principal referência neste planner.

Apresentamos estas **influências positivas**, pautadas em 12 temas e com indicadores-chave de desempenho (KPIs). O objetivo é contribuir de modo assertivo para que todos consigam, além de traçar suas metas e objetivos em direção ao sucesso, colocá-los em prática por meio da reflexão e da própria mudança de hábitos no dia a dia. Este guia respeita o ritmo de cada um e pode ser utilizado da forma que considerar mais eficaz.

O importante é acreditar que é possível conquistar o sucesso e a felicidade, tanto na esfera pessoal quanto na profissional. Ou, simplesmente, crer que é possível colocar em ação todo o potencial nas relações e reverter qualquer situação a favor.

INFLUÊNCIAS POSITIVAS

1 TRAÇANDO OBJETIVOS PARA O DESENVOLVIMENTO PESSOAL

2 DESENVOLVENDO A AUTOCONFIANÇA

3 DESENVOLVENDO O PODER DA AUTOMOTIVAÇÃO

4 ESTIMULANDO O SUCESSO NO TRABALHO

5 DESENVOLVENDO O PODER DE LIDERANÇA

6 GERENCIANDO O TEMPO

Mês 1

D S T Q Q S S

• INFLUÊNCIAS POSITIVAS •

DATAS IMPORTANTES

• PRIORIDADES DESTE MÊS •

Pessoas com autoconsciência tendem a serem mais autocríticas. A análise e a crítica de si são componentes da inteligência emocional que, por sua vez, é fator cada vez mais preponderante no sucesso pessoal. O nível de inteligência emocional é o que distingue um profissional diferenciado das pessoas comuns. Há vários inimigos do desenvolvimento pessoal que são bem conhecidos: falta de preparo técnico especializado, individualismo, inconstância, intolerância, ansiedade, mau humor e tantos outros.

Superar comportamentos indesejáveis exigirá educação, disciplina e perseverança, mas valerá a pena insistir neles. Para isso, estabeleça metas que contemplem as seguintes áreas: vida familiar, vida conjugal, relacionamentos sociais, relacionamentos comerciais, vida profissional, vida espiritual e o aproveitamento das oportunidades. Depois, estabeleça prazos para este mês e trabalhe individualmente cada comportamento.

TRAÇANDO OBJETIVOS PARA O DESENVOLVIMENTO PESSOAL

"Comece de uma maneira amistosa."

Dale Carnegie

Metas e objetivos para o desenvolvimento pessoal:

Hábitos negativos que interferem no cumprimento de metas no dia a dia:

Hábitos que devo passar a adotar para focar no desenvolvimento pessoal:

Semana 1

MÊS ________________ **DIAS** ________________

Segunda-feira Dia ___	**Terça-feira** Dia ___	**Quarta-feira** Dia ___

Quinta-feira Dia ___	**Sexta-feira** Dia ___	**Sábado** Dia ___

Domingo Dia ___

INFLUÊNCIA DA SEMANA

"Toda grande mudança começa como dominós em queda."

AUTORES Gary Keller e Jay Papasan

KPIs *Novos hábitos / Autoconsciência*

MEDITE SOBRE ISSO

ANOTAÇÕES

Semana 2

MÊS ______________ **DIAS** ______________

Segunda-feira Dia ___	Terça-feira Dia ___	Quarta-feira Dia ___

Quinta-feira Dia ___	Sexta-feira Dia ___	Sábado Dia ___

Domingo Dia ___

INFLUÊNCIA DA SEMANA

"Com o tempo e esforço, qualquer hábito pode ser remodelado."

AUTOR Charles Duhigg
KPIs *Hábitos / Organização*

MEDITE SOBRE ISSO

ANOTAÇÕES

Semana 3

MÊS ____________________ **DIAS** ____________________

Segunda-feira Dia ____	**Terça-feira** Dia ____	**Quarta-feira** Dia ____

Quinta-feira Dia ____	**Sexta-feira** Dia ____	**Sábado** Dia ____

Domingo Dia ____

INFLUÊNCIA DA SEMANA

"Você está hoje onde seus pensamentos o trouxeram; você estará amanhã aonde seus pensamentos o levarem."

AUTOR Marc Reklau

KPIs *Autoconhecimento / Mindfulness*

MEDITE SOBRE ISSO

ANOTAÇÕES

Semana 4

MÊS ______________________ **DIAS** ______________________

Segunda-feira Dia ____	**Terça-feira** Dia ____	**Quarta-feira** Dia ____
Quinta-feira Dia ____	**Sexta-feira** Dia ____	**Sábado** Dia ____

Domingo Dia ____

INFLUÊNCIA DA SEMANA

"Um objetivo é um sonho com prazo."

AUTOR Napoleon Hill
KPIs *Objetivo / Planejamento*

MEDITE SOBRE ISSO

ANOTAÇÕES

ANOTAÇÕES GERAIS

Mês 2

D S T Q Q S S

• INFLUÊNCIAS POSITIVAS •

DATAS IMPORTANTES

• PRIORIDADES DESTE MÊS •

Uma vez que tenha feito uma autocrítica sincera para o desenvolvimento pessoal, além de identificar alguns pontos fracos a serem trabalhados consciente e sistematicamente, você deve ter percebido seus valores e habilidades inatas. Todos nascemos com habilidades que são inatas, isto é, hereditárias ou aprendidas no ambiente familiar desde os primeiros anos de vida; e todos temos vocações e inclinações naturais que nos fazem pessoas diferenciadas para desenvolvermos alguma atividade com excelência.

A autoconfiança, como vemos em pessoas emocionalmente maduras, não é produto de elogios e bajulações vindas de terceiros. A autoconfiança decorre da consciência que temos dos nossos talentos inatos, das nossas habilidades adquiridas e da nossa capacidade desenvolvida na direção de vidas plenas e carreiras bem-sucedidas. Ela decorre da aceitação firme e confiança de que a nossa percepção pessoal não está equivocada e não pode ser minimizada por agentes externos, mas é fortalecida diariamente pelo exercício constante, perene, do nosso próprio ser.

DESENVOLVENDO A AUTOCONFIANÇA

"O caminho para conseguir a autoconfiança é fazer as coisas que teme realizar."

Dale Carnegie

Identificar o que interfere na autoconfiança:

Pensamentos positivos a serem incluídos no dia a dia para acreditar mais em meu potencial:

Metas e ações para tornar-me cada vez mais autoconfiante:

Semana 1

MÊS ______________________ **DIAS** ______________________

Segunda-feira Dia ____	**Terça-feira** Dia ____	**Quarta-feira** Dia ____

Quinta-feira Dia ____	**Sexta-feira** Dia ____	**Sábado** Dia ____

Domingo Dia ____

INFLUÊNCIA DA SEMANA

"Os homens fortes têm propósitos fortes e estes levam a realizações sólidas. O homem íntegro está acima de todos os homens fortes, e sua força se manifesta naquela profundidade com que ele conduz os negócios em sua vida."

AUTOR James Allen
KPIs *Propósito / Integridade*

MEDITE SOBRE ISSO

ANOTAÇÕES

Semana 2

MÊS ______________________ **DIAS** ______________________

Segunda-feira Dia ____	**Terça-feira** Dia ____	**Quarta-feira** Dia ____

Quinta-feira Dia ____	**Sexta-feira** Dia ____	**Sábado** Dia ____

Domingo Dia ____

INFLUÊNCIA DA SEMANA

"Você pode mudar a maneira como as pessoas lhe tratam ao mudar a maneira como você se trata."

AUTOR Anônimo

KPIs *Autoconhecimento / Empatia*

MEDITE SOBRE ISSO

ANOTAÇÕES

Semana 3

MÊS ______________________ **DIAS** ______________________

Segunda-feira Dia ___	**Terça-feira** Dia ___	**Quarta-feira** Dia ___
Quinta-feira Dia ___	**Sexta-feira** Dia ___	**Sábado** Dia ___

Domingo Dia ___

INFLUÊNCIA DA SEMANA

"É nossa luz e não nossas trevas o que mais nos assusta."

AUTORA Marianne Williamson

KPIs *Autoconhecimento / Autoconfiança*

MEDITE SOBRE ISSO

ANOTAÇÕES

Semana 4

MÊS ____________________ **DIAS** ____________________

Segunda-feira Dia ____	**Terça-feira** Dia ____	**Quarta-feira** Dia ____

Quinta-feira Dia ____	**Sexta-feira** Dia ____	**Sábado** Dia ____

Domingo Dia ____

INFLUÊNCIA DA SEMANA

"Seja mais sábio que as outras pessoas, se puder; mas nunca lhes diga isso."

AUTOR Lord Chesterfield

KPIs *Autocontrole / Autoconhecimento*

MEDITE SOBRE ISSO

ANOTAÇÕES

ANOTAÇÕES GERAIS

Mês 3

D S T Q Q S S

• INFLUÊNCIAS POSITIVAS •

DATAS IMPORTANTES

• PRIORIDADES DESTE MÊS •

Motivação é o desejo de fazer algo pessoalmente em qualquer área de sua vida, é ter o ímpeto para alcançar seus objetivos e sonhos, sejam quais forem. Saber como motivar a si pode ajudá-lo a realizar qualquer coisa que você decida. Como diz Elon Musk, "se algo é importante o suficiente, mesmo que as probabilidades estejam contra você, você ainda deve fazê-lo". Mas como motivar-nos?

Os especialistas costumam sugerir três estratégias. Crie um ambiente positivo, por exemplo, escolhendo a música certa. A música pode ser um motivador tão poderoso quanto as citações motivacionais. Não é à toa que toda propaganda em áudio ou vídeo vem com fundo musical. Comemore suas pequenas vitórias. Grandes objetivos não são alcançados imediatamente e podem nos fazer sentir sobrecarregados. Então, uma longa jornada se torna mais agradável quando a dividimos em trechos menores. Cerque-se de pessoas motivadas. Segundo John Rohn, "você é a média das cinco pessoas que passa mais tempo com elas", portanto, estar próximo do tipo certo de pessoas só ajudará você a se tornar melhor e crescer!

DESENVOLVENDO O PODER DA AUTOMOTIVAÇÃO

"Entusiasmo flamejante, apoiado por bom senso e persistência, é a qualidade que mais frequentemente traz sucesso."

Dale Carnegie

Identificar situações que me desmotivam no dia a dia:

Reações para adotar em momentos que possam gerar desmotivação:

Mensagens positivas para desenvolver a automotivação:

Semana 1

MÊS ____________________ **DIAS** ____________________

Segunda-feira Dia ____	**Terça-feira** Dia ____	**Quarta-feira** Dia ____

Quinta-feira Dia ____	**Sexta-feira** Dia ____	**Sábado** Dia ____

Domingo Dia ____

INFLUÊNCIA DA SEMANA

"A felicidade não depende de condições externas. Depende de condições internas."

AUTOR William James
KPIs *Empatia / Relações saudáveis*

MEDITE SOBRE ISSO

ANOTAÇÕES

Semana 2

MÊS ______________________ **DIAS** ______________________

Segunda-feira Dia ____	**Terça-feira** Dia ____	**Quarta-feira** Dia ____

Quinta-feira Dia ____	**Sexta-feira** Dia ____	**Sábado** Dia ____

Domingo Dia ____

INFLUÊNCIA DA SEMANA

"A chave para vencer é manter o equilíbrio sob estresse."

AUTOR Paul Brown

KPIs *Equilíbrio / Autoconhecimento*

MEDITE SOBRE ISSO

ANOTAÇÕES

Semana 3

MÊS ______________________ **DIAS** ______________________

Segunda-feira Dia ____	**Terça-feira** Dia ____	**Quarta-feira** Dia ____

Quinta-feira Dia ____	**Sexta-feira** Dia ____	**Sábado** Dia ____

Domingo Dia ____

INFLUÊNCIA DA SEMANA

"Conhece-se o tamanho das capacidades de alguém pela alteza de seus anseios."

AUTOR Baltasar Gracián

KPIs *Objetivos / Autoconfiança*

MEDITE SOBRE ISSO

ANOTAÇÕES

Semana 4

MÊS ______________________ **DIAS** ______________________

Segunda-feira Dia ____	Terça-feira Dia ____	Quarta-feira Dia ____

Quinta-feira Dia ____	Sexta-feira Dia ____	Sábado Dia ____

Domingo Dia ____

INFLUÊNCIA DA SEMANA

“Cerque-se apenas de pessoas que vão colocá-lo para cima.”

AUTORA Oprah Winfrey
KPIs *Sucesso / Relações saudáveis*

MEDITE SOBRE ISSO

ANOTAÇÕES

ANOTAÇÕES GERAIS

Mês 4

D S T Q Q S S

• INFLUÊNCIAS POSITIVAS •

DATAS IMPORTANTES

• PRIORIDADES DESTE MÊS •

Ao contrário do que se pensa, há estatísticas que mostram que o dinheiro não é o fator principal na motivação das pessoas. O dinheiro deve ser consequência de estímulos que as pessoas sentem para outros objetivos relacionados ao sucesso, à satisfação e a realização pessoais. Assim, nas relações pessoais há fatores que contribuem melhor para o sucesso do que a oferta de ganhos generosos, que nem sempre estão ao alcance.

Esses fatores incluem uma comunicação clara, aberta e franca, objetivos desafiadores, a comemoração de conquistas – mesmo as menores e aparentemente insignificantes e estimular o espírito de equipe. Há fatores além desses e é possível saber quais são conhecendo melhor o seu ambiente. Assim, é importante manter a positividade, sempre dosada com realidade para não se tornar ilusão, e a expectativa de esperança nos dias sempre melhores, que trarão bons projetos, realizações grandiosas e prosperidade para todos.

ESTIMULANDO O SUCESSO NO TRABALHO

"Você nunca alcança o sucesso verdadeiro a menos que goste do que está fazendo."

Dale Carnegie

Descrever o que acredita que está impedindo de obter sucesso no trabalho:

Listar situações que incomodam de modo significativo nas relações no trabalho:

Ações positivas a serem adotadas para estimular o sucesso no trabalho:

Semana 1

MÊS ______________________ **DIAS** ______________________

Segunda-feira Dia ____	**Terça-feira** Dia ____	**Quarta-feira** Dia ____

Quinta-feira Dia ____	**Sexta-feira** Dia ____	**Sábado** Dia ____

Domingo Dia ____

INFLUÊNCIA DA SEMANA

"As pessoas não escolhem seus futuros; elas escolhem seus hábitos, e seus hábitos determinam seus futuros."

AUTOR F. M. Alexander

KPIs *Hábitos / Objetivos*

MEDITE SOBRE ISSO

ANOTAÇÕES

Semana 2

MÊS ______________________ **DIAS** ______________________

Segunda-feira Dia ____	**Terça-feira** Dia ____	**Quarta-feira** Dia ____

Quinta-feira Dia ____	**Sexta-feira** Dia ____	**Sábado** Dia ____

Domingo Dia ____

INFLUÊNCIA DA SEMANA

"Passei a acreditar que o sucesso, independentemente da idade, tem o efeito de se propagar para as outras coisas."

AUTOR Scott Adams

KPIs *Caminho do sucesso / Felicidade*

MEDITE SOBRE ISSO

ANOTAÇÕES

Semana 3

MÊS ______________________ **DIAS** ______________________

Segunda-feira Dia ____	Terça-feira Dia ____	Quarta-feira Dia ____

Quinta-feira Dia ____	Sexta-feira Dia ____	Sábado Dia ____

Domingo Dia ____

INFLUÊNCIA DA SEMANA

"O sucesso não é o final, e o fracasso não é fatal: é a vontade de continuar que conta."

AUTOR Winston Churchill
KPIs *Persistência / Objetivo*

MEDITE SOBRE ISSO

ANOTAÇÕES

Semana 4

MÊS ______________________ **DIAS** ______________________

Segunda-feira Dia ____	**Terça-feira** Dia ____	**Quarta-feira** Dia ____
Quinta-feira Dia ____	**Sexta-feira** Dia ____	**Sábado** Dia ____

Domingo Dia ____

INFLUÊNCIA DA SEMANA

"Se há algum segredo de sucesso, ele consiste na habilidade de apreender o ponto de vista da outra pessoa."

AUTOR Henry Ford

KPIs *Foco / Empatia / Autoconhecimento*

MEDITE SOBRE ISSO

ANOTAÇÕES

ANOTAÇÕES GERAIS

Mês 5

D S T Q Q S S

• INFLUÊNCIAS POSITIVAS •

DATAS IMPORTANTES

• PRIORIDADES DESTE MÊS •

Todos nascemos com capacidade ou poder para realizações. Esse poder pode ser aumentado intencionalmente, mas poucas pessoas sabem disso. Essa margem para aumento do poder é chamada de potencial e o potencial aumenta na mesma medida que a sua habilidade para as realizações aumenta. Há quem divida os indicadores do poder de um líder em duas categorias: poder e atratividade. Por poder, considera-se as expressões de confiança, carisma e influência, mas também a arrogância, abrasividade e intimidação.

Cinco maneiras de desenvolver o poder de liderança amplamente reconhecidos são: tornar-se um especialista, aumentando o seu conhecimento geral e específico; maximizar o seu nível atual de poder; exigir mais de si mesmo; aproveitar a sua influência sobre os outros de forma positiva e exercitar o seu poder. Discipline-se e aplique-se a implementar esses passos em sua vida, pois o potencial é algo que desenvolvemos.

DESENVOLVENDO O PODER DA LIDERANÇA

"Faça a outra pessoa sentir-se feliz realizando aquilo que você sugere."

Dale Carnegie

Descrever atitudes que impactam no poder de liderança:

Hábitos do dia a dia que devo deixar para desenvolver o poder de liderança:

Ações que devo passar a adotar para assumir o controle nas relações que envolvem o poder de liderança:

Semana 1

MÊS ______________________ **DIAS** ______________________

Segunda-feira Dia ____	Terça-feira Dia ____	Quarta-feira Dia ____

Quinta-feira Dia ____	Sexta-feira Dia ____	Sábado Dia ____

Domingo Dia ____

INFLUÊNCIA DA SEMANA

"Conseguir manter as emoções sob controle não é apenas uma chave para ser um grande líder. É também fundamental para impactar outras pessoas, especialmente em momentos de estresse ou incerteza."

AUTOR Howard Gardner

KPIs *Foco / Empatia / Autoconhecimento*

MEDITE SOBRE ISSO

ANOTAÇÕES

Semana 2

MÊS ______________________ **DIAS** ______________________

Segunda-feira Dia ____	**Terça-feira** Dia ____	**Quarta-feira** Dia ____

Quinta-feira Dia ____	**Sexta-feira** Dia ____	**Sábado** Dia ____

Domingo Dia ____

INFLUÊNCIA DA SEMANA

"Argumente como se estivesse certo, ouça como se estivesse errado."

AUTOR Karl Weick

KPIs *Empatia / Autoconhecimento*

MEDITE SOBRE ISSO

ANOTAÇÕES

Semana 3

MÊS ____________________ **DIAS** ____________________

Segunda-feira Dia ___	**Terça-feira** Dia ___	**Quarta-feira** Dia ___

Quinta-feira Dia ___	**Sexta-feira** Dia ___	**Sábado** Dia ___

Domingo Dia ___

INFLUÊNCIA DA SEMANA

"Quando deseja alterar o que está visível, antes deve modificar o que está invisível."

AUTOR T. Harv Eker

KPIs *Autoconhecimento / Autorreflexão*

MEDITE SOBRE ISSO

ANOTAÇÕES

Semana 4

MÊS ______________ DIAS ______________

Segunda-feira Dia ____	Terça-feira Dia ____	Quarta-feira Dia ____
Quinta-feira Dia ____	Sexta-feira Dia ____	Sábado Dia ____

Domingo Dia ____

INFLUÊNCIA DA SEMANA

"O homem que pode colocar-se no lugar de outros homens, que pode compreender as maquinações dos seus cérebros, não precisa ter preocupações acerca do que lhe reserva no futuro."

AUTOR Owen D. Young

KPIs *Empatia / Relacionamentos*

MEDITE SOBRE ISSO

ANOTAÇÕES

ANOTAÇÕES GERAIS

Mês 6

D S T Q Q S S

• INFLUÊNCIAS POSITIVAS •

DATAS IMPORTANTES

• PRIORIDADES DESTE MÊS •

Pessoas que sentem necessidade de gerir melhor o seu tempo tentam isso porque precisam aumentar o fluxo de trabalho e a produtividade. Especialistas em gestão de tempo dizem que falham as pessoas que se concentram rigorosamente no fator tempo, o que parece um paradoxo. Mas quando consideramos que a gestão do tempo é mais uma questão emocional do que logística, melhoramos a qualidade da gestão e aumentamos o prazer e a satisfação nas atividades e rotinas, o que aumenta a nossa produtividade.

Um especialista no assunto diz que como a gestão do tempo é prática e emocional, devemos nos tornar mais conscientes sobre o que e como as coisas funcionam para nós e como e quando trabalhamos melhor. Para isso, equilibrar tarefas que nos deem satisfação emocional ajudará a ter mais controle de nosso tempo, o que significa contribuir para manter nossa saúde mental e emocional sob controle.

GERENCIANDO O TEMPO

> “Em vez de se preocupar com o que as pessoas dizem sobre você, por que não investir tempo tentando fazer algo que elas admirem?”
>
> *Dale Carnegie*

Elencar o modo como gerencio meu tempo no dia a dia:

Hábitos que devo abandonar para aproveitar melhor o meu tempo:

Ações que devo adotar para aproveitar melhor o tempo e focar no que mais importa, o crescimento pessoal:

Semana 1

MÊS ______________________ **DIAS** ______________________

Segunda-feira Dia ____	**Terça-feira** Dia ____	**Quarta-feira** Dia ____
Quinta-feira Dia ____	**Sexta-feira** Dia ____	**Sábado** Dia ____

Domingo Dia ____

INFLUÊNCIA DA SEMANA

"O tempo é o recurso mais escasso. Se não for bem administrado, nada mais poderá ser administrado."

AUTOR Peter F. Drucker
KPIs *Foco / Organização*

MEDITE SOBRE ISSO

ANOTAÇÕES

Semana 2

MÊS ______________ **DIAS** ______________

Segunda-feira Dia ____	**Terça-feira** Dia ____	**Quarta-feira** Dia ____
Quinta-feira Dia ____	**Sexta-feira** Dia ____	**Sábado** Dia ____

Domingo Dia ____

INFLUÊNCIA DA SEMANA

"Não há nada tão inútil quanto fazer com eficiência aquilo que simplesmente não deveria ser feito."

AUTOR Peter F. Drucker
KPIs *Foco / Organização*

MEDITE SOBRE ISSO

ANOTAÇÕES

Semana 3

MÊS ______________________ **DIAS** ______________________

Segunda-feira Dia ____	**Terça-feira** Dia ____	**Quarta-feira** Dia ____

Quinta-feira Dia ____	**Sexta-feira** Dia ____	**Sábado** Dia ____

Domingo Dia ____

INFLUÊNCIA DA SEMANA

"Quanto mais precisas para viver, mais tendes trabalhar e menos tempo tens para ti. O maior dos luxos é o tempo."

AUTOR Miguel Esteves Cardoso

KPIs ***Organização / Autoconhecimento***

MEDITE SOBRE ISSO

ANOTAÇÕES

Semana 4

MÊS ______________________ **DIAS** ______________________

Segunda-feira Dia ____	**Terça-feira** Dia ____	**Quarta-feira** Dia ____

Quinta-feira Dia ____	**Sexta-feira** Dia ____	**Sábado** Dia ____

Domingo Dia ____

INFLUÊNCIA DA SEMANA

"As coisas mais importantes nem sempre são as que gritam mais alto."

AUTOR Bob Hawke

KPIs ***Organização / Foco***

MEDITE SOBRE ISSO

ANOTAÇÕES

ANOTAÇÕES GERAIS

Mês 7

D S T Q Q S S

• INFLUÊNCIAS POSITIVAS •

DATAS IMPORTANTES

• PRIORIDADES DESTE MÊS •

As relações interpessoais dependem de habilidades que usamos para nos comunicar e interagir com outras pessoas. Obter sucesso nessas relações depende de desenvolver as habilidades por etapas e isso é frutífero quando começamos do básico e avançarmos para o que é vital. Há consenso sobre começar pelo autoconhecimento, especialmente por nossas fraquezas. A ajuda de alguém de confiança nessas horas é um excelente recurso que potencializará a reflexão sobre si mesmo.

Outros dois passos para o sucesso nas relações interpessoais são a melhoria nas habilidades básicas de comunicação, lembrando que comunicar-se é mais do que dizer coisas; é tornar "comum" algo que queira transmitir para as pessoas do seu convívio, é saber ouvir e estabelecer comunicação não verbal e verbal. E, como a base das relações sociais está pautada na comunicação, a nossa última sugestão é melhorar as habilidades de comunicação mais avançadas, superando barreiras físicas, emocionais, expectativas irreais e preconceitos, frutos de uma cultura distorcida e ultrapassada.

OBTENDO SUCESSO NAS RELAÇÕES INTERPESSOAIS

"Minha popularidade, minha felicidade e meu senso de valor dependem, sobretudo, da minha habilidade no modo de tratar as pessoas."

Dale Carnegie

Descrever falhas do dia a dia que impactam nas relações:

Elencar os pontos fortes que possuo ao me relacionar:

Ações e novos hábitos a adotar para obter mais sucesso nas relações:

Semana 1

MÊS ______________________ DIAS ______________________

Segunda-feira Dia ____	Terça-feira Dia ____	Quarta-feira Dia ____

Quinta-feira Dia ____	Sexta-feira Dia ____	Sábado Dia ____

Domingo Dia ____

INFLUÊNCIA DA SEMANA

"Sua atitude mental é o fato principal para atrair pessoas em espírito de afabilidade ou para repeli-las; isso depende de sua natureza ser positiva ou negativa, e você é a única pessoa que pode determinar como ela será."

AUTOR Napoleon Hill

KPIs *Relacionamentos / Propósito*

MEDITE SOBRE ISSO

ANOTAÇÕES

Semana 2

MÊS ______________________ **DIAS** ______________________

Segunda-feira Dia ____	**Terça-feira** Dia ____	**Quarta-feira** Dia ____

Quinta-feira Dia ____	**Sexta-feira** Dia ____	**Sábado** Dia ____

Domingo Dia ____

INFLUÊNCIA DA SEMANA

"Não existe bom relacionamento com a maldade, que não tem obrigação com a integridade; por isso, entre os maus nunca existe amizade verdadeira, por mais que pareça, nem é verossímil a gentileza, pois não nascem da honra."

AUTOR Baltasar Gracián

KPIs ***Integridade / Honestidade***

MEDITE SOBRE ISSO

ANOTAÇÕES

Semana 3

MÊS ______________________ **DIAS** ______________________

Segunda-feira Dia ____	**Terça-feira** Dia ____	**Quarta-feira** Dia ____

Quinta-feira Dia ____	**Sexta-feira** Dia ____	**Sábado** Dia ____

Domingo Dia ____

INFLUÊNCIA DA SEMANA

“Pessoas autorrealizadas possuem um profundo sentimento de identificação, simpatia e afeição pelos seres humanos em geral. Elas sentem afinidade e conexão, como se todos os indivíduos fossem membros de uma única família.”

AUTOR Abraham Maslow

KPIs *Autoconhecimento / Autorrealização*

MEDITE SOBRE ISSO

ANOTAÇÕES

Semana 4

MÊS ______________________ **DIAS** ______________________

Segunda-feira Dia ___	**Terça-feira** Dia ___	**Quarta-feira** Dia ___

Quinta-feira Dia ___	**Sexta-feira** Dia ___	**Sábado** Dia ___

Domingo Dia ___

INFLUÊNCIA DA SEMANA

"Dê [às pessoas] uma ferramenta cujo uso vai levar a novas formas de pensamento."

AUTOR Buckminster Fuller
KPIs *Empatia / Responsabilidade*

MEDITE SOBRE ISSO

ANOTAÇÕES

ANOTAÇÕES GERAIS

Mês 8

D S T Q Q S S

DATAS IMPORTANTES

• INFLUÊNCIAS POSITIVAS •

• PRIORIDADES DESTE MÊS •

Brian Tracy disse que "pessoas bem-sucedidas estão sempre procurando oportunidades para ajudar os outros. Pessoas malsucedidas estão sempre perguntando: 'o que eu ganho com isso?'". A verdade é que quando nos concentramos em ajudar os outros a ter sucesso, nossa recompensa é sempre maior do que o investimento.

As pessoas são estimuladas por motivos como autonomia, domínio e propósito. Elas querem controlar suas ações, serem reconhecidas, aprender coisas novas e terem senso de realização. Para que se sintam assim, podemos tomar medidas como envolvê-las em projetos pelos quais se interessam, demonstrando confiança na participação que terão. Elas poderão ser estimuladas quando nós as inspiramos e, se as inspiramos, quando demonstramos apreciação pelo que fazem, elas se sentirão valorizadas. Simples palavras de reconhecimento farão uma diferença enorme na vida delas.

ESTIMULANDO AS OUTRAS PESSOAS PARA O SUCESSO

"Faça a outra pessoa sentir-se importante, e faça-o com sinceridade."

Dale Carnegie

Observar e elencar possíveis maneiras de contribuir com o sucesso das pessoas ao redor:

Hábitos para fazer com que as pessoas se sintam importantes:

Hábitos positivos para estimular as pessoas a obterem sucesso:

Semana 1

MÊS ______________________ DIAS ______________________

Segunda-feira Dia ___	Terça-feira Dia ___	Quarta-feira Dia ___

Quinta-feira Dia ___	Sexta-feira Dia ___	Sábado Dia ___

Domingo Dia ___

INFLUÊNCIA DA SEMANA

"A liderança é comunicar o potencial e o valor dos outros com tanta clareza que eles se sintam inspirados a vê-los em si mesmos."

AUTOR Stephen R. Covey

KPIs *Autoconfiança / Empatia*

MEDITE SOBRE ISSO

ANOTAÇÕES

Semana 2

MÊS ______________________ **DIAS** ______________________

Segunda-feira Dia ____	**Terça-feira** Dia ____	**Quarta-feira** Dia ____

Quinta-feira Dia ____	**Sexta-feira** Dia ____	**Sábado** Dia ____

Domingo Dia ____

INFLUÊNCIA DA SEMANA

"O mais profundo princípio da natureza humana é o desejo de ser apreciado."

AUTOR William James

KPIs *Autorreflexão / Autoconhecimento*

MEDITE SOBRE ISSO

ANOTAÇÕES

Semana 3

MÊS ______________________ **DIAS** ______________________

Segunda-feira Dia ____	**Terça-feira** Dia ____	**Quarta-feira** Dia ____

Quinta-feira Dia ____	**Sexta-feira** Dia ____	**Sábado** Dia ____

Domingo Dia ____

INFLUÊNCIA DA SEMANA

"Se você quiser se levantar, levante outra pessoa."

AUTOR Booker T. Washington
KPIs *Empatia / Liderança*

MEDITE SOBRE ISSO

ANOTAÇÕES

Semana 4

MÊS ______________________ **DIAS** ______________________

Segunda-feira Dia ____	Terça-feira Dia ____	Quarta-feira Dia ____

Quinta-feira Dia ____	Sexta-feira Dia ____	Sábado Dia ____

Domingo **Dia** ____

INFLUÊNCIA DA SEMANA

"O objetivo da vida não é ser feliz. É ser útil, ser honrado, ser compassivo, fazer alguma diferença com seu modo de viver e viver bem."

AUTOR Ralph Waldo Emerson

KPIs ***Propósito / Integridade***

MEDITE SOBRE ISSO

ANOTAÇÕES

ANOTAÇÕES GERAIS

Mês 9

D S T Q Q S S

• INFLUÊNCIAS POSITIVAS •

DATAS IMPORTANTES

• PRIORIDADES DESTE MÊS •

Cooperação é algo voluntário, enquanto o trabalho em equipe é o esforço cooperativo de pessoas para um fim comum. Inspirar a cooperação de alguém exige que entendamos o que o motiva, e pessoas diferentes são motivadas por razões diferentes. Assim, é preciso ouvir as "pistas" sobre o que entusiasma a pessoa que você quer que coopere. Descobrir as necessidades ou objetivos que as pessoas têm é uma pista, já que as pessoas procuram algum benefício ao cooperar.

Faça-os saber que as ações dela farão a diferença. Elas precisam sentir-se reconhecidas e necessárias. Além disso, será preciso assegurar que a pessoa disponha das ferramentas para cooperar, além de clareza na tarefa que irão realizar. Afinal, eles podem não saber como ou não ter os recursos que precisam. Se precisarem de suporte, dê o que precisam. Se precisarem de explicações, torne-as claras o suficiente. Ah! Certifique-se de inspirar a cooperação com respeito, educação e clareza.

FAZENDO AS PESSOAS COOPERAREM

"Lembre-se: todos nós necessitamos de valorização e de reconhecimento, e por eles faremos qualquer coisa."

Dale Carnegie

Medir, de 1 a 10, seu poder de persuasão:

Ações para desenvolver o poder de empatia:

Ações para desenvolver uma comunicação mais assertiva:

Semana 1

MÊS ______________________ **DIAS** ______________________

Segunda-feira Dia ____	Terça-feira Dia ____	Quarta-feira Dia ____

Quinta-feira Dia ____	Sexta-feira Dia ____	Sábado Dia ____

Domingo Dia ____

INFLUÊNCIA DA SEMANA

"Atenção exclusiva para a pessoa que estiver falando é muito importante. Nada é mais lisonjeado do que isso."

AUTOR Charles William Eliot

KPIs *Comunicação assertiva / Empatia*

MEDITE SOBRE ISSO

ANOTAÇÕES

Semana 2

MÊS ______________________ **DIAS** ______________________

Segunda-feira Dia ____	Terça-feira Dia ____	Quarta-feira Dia ____

Quinta-feira Dia ____	Sexta-feira Dia ____	Sábado Dia ____

Domingo **Dia** ____

INFLUÊNCIA DA SEMANA

"Se você quer ajudar as outras pessoas a aperfeiçoarem-se, lembre-se de empregar o incentivo."

AUTOR Charles William Eliot
KPIs *Comunicação assertiva / Empatia*

MEDITE SOBRE ISSO

ANOTAÇÕES

Semana 3

MÊS ______________________ **DIAS** ______________________

Segunda-feira Dia ____	Terça-feira Dia ____	Quarta-feira Dia ____

Quinta-feira Dia ____	Sexta-feira Dia ____	Sábado Dia ____

Domingo Dia ____

INFLUÊNCIA DA SEMANA

"Se você se encontra numa posição de liderança, em vez de confiar em seu título para garantir o apoio das pessoas que o seguem, construa relacionamentos. Conquiste-as."

AUTOR John C. Maxwell

KPIs *Liderança / Empatia*

MEDITE SOBRE ISSO

ANOTAÇÕES

Semana 4

MÊS ______________________ **DIAS** ______________________

Segunda-feira Dia ____	Terça-feira Dia ____	Quarta-feira Dia ____

Quinta-feira Dia ____	Sexta-feira Dia ____	Sábado Dia ____

Domingo Dia ____

INFLUÊNCIA DA SEMANA

"A comunicação se constrói sobre relacionamentos de confiança."

AUTOR Dale Carnegie

KPIs *Comunicação assertiva / Empatia*

MEDITE SOBRE ISSO

ANOTAÇÕES

ANOTAÇÕES GERAIS

Mês 10

D S T Q Q S S

• INFLUÊNCIAS POSITIVAS •

DATAS IMPORTANTES

• PRIORIDADES DESTE MÊS •

A resolução de conflitos é um dos grandes temas do nosso tempo. Por se tratar de situações delicadas ou tensas, alguns cuidados são necessários, como falar diretamente com as partes envolvidas, escolher um bom momento para o diálogo, planejar com antecedência, inteirar-se de todas as versões correntes e, especialmente, esclarecer para as partes a finalidade proposta sem se desviar dela e ser imparcial.

As relações interpessoais nas empresas trazem em sua essência a possibilidade de conflitos entre os elementos da equipe. Mas não precisamos viver em conflitos o tempo todo. As pessoas que se dispõem a integrar um time o fazem porque têm objetivos em comum, que muitas vezes são aqueles dados pela empresa, além dos objetivos pessoais. A união e o esforço conjunto os leva a alcançar esses objetivos mais rapidamente e essa já é uma boa razão para que todos tenham interesse simultâneo em que as crises sejam resolvidas o mais rapidamente possível.

RESOLVENDO OS CONFLITOS DO DIA A DIA

"Buda dizia: 'Ódio nunca termina por ódio, mas por amor', e um mal-entendido nunca termina pela discussão, mas pela tática, diplomacia, conciliação e um desejo simpático de ver o ponto de vista da outra pessoa."

Dale Carnegie

Observar a si mesmo e elencar o modo como lido com conflitos no dia a dia:

Ações para desenvolver a diplomacia:

Hábitos a adquirir para melhorar o poder de conciliação:

Semana 1

MÊS ____________________ **DIAS** ____________________

Segunda-feira Dia ___	Terça-feira Dia ___	Quarta-feira Dia ___

Quinta-feira Dia ___	Sexta-feira Dia ___	Sábado Dia ___

Domingo Dia ___

INFLUÊNCIA DA SEMANA

"Não se pode ensinar alguma coisa a um homem; apenas ajudá-lo a encontrá-la dentro de si mesmo."

AUTOR Galileu Galilei
KPIs *Autoconhecimento / Paciência*

MEDITE SOBRE ISSO

ANOTAÇÕES

Semana 2

MÊS ______________________ **DIAS** ______________________

Segunda-feira Dia ____	**Terça-feira** Dia ____	**Quarta-feira** Dia ____

Quinta-feira Dia ____	**Sexta-feira** Dia ____	**Sábado** Dia ____

Domingo Dia ____

INFLUÊNCIA DA SEMANA

"O fraco não consegue perdoar. O perdão é atributo do forte."

AUTOR Galileu Galilei
KPIs *Perdão / Resiliência*

MEDITE SOBRE ISSO

ANOTAÇÕES

Semana 3

MÊS ______________________ **DIAS** ______________________

Segunda-feira Dia ____	**Terça-feira** Dia ____	**Quarta-feira** Dia ____

Quinta-feira Dia ____	**Sexta-feira** Dia ____	**Sábado** Dia ____

Domingo Dia ____

INFLUÊNCIA DA SEMANA

"Não tenho o direito de dizer ou de fazer qualquer coisa que humilhe o homem diante de si mesmo. O que importa não é o que penso dele, mas o que ele pensa de si mesmo."

AUTOR Antoine de Saint-Exupéry
KPIs *Compaixão / Autocontrole*

MEDITE SOBRE ISSO

ANOTAÇÕES

Semana 4

MÊS ______________ **DIAS** ______________

Segunda-feira Dia ____	Terça-feira Dia ____	Quarta-feira Dia ____

Quinta-feira Dia ____	Sexta-feira Dia ____	Sábado Dia ____

Domingo Dia ____

INFLUÊNCIA DA SEMANA

"Você não pode resolver um problema com a mesma mentalidade que o gerou."

AUTOR Albert Einstein
KPIs *Autoconsciência / Resiliência*

MEDITE SOBRE ISSO

ANOTAÇÕES

ANOTAÇÕES GERAIS

Mês 11

D S T Q Q S S

• INFLUÊNCIAS POSITIVAS •

DATAS IMPORTANTES

• PRIORIDADES DESTE MÊS •

"Se você quer crescer, precisa superar todo medo que possa ter de cometer erros.", disse John C. Maxwell. Erros são parte inerente à natureza humana. Nós trabalhamos para reduzi-los ao máximo, especialmente nas funções que envolvem riscos à vida humana. Mas nem sempre é possível evitá-los, de modo que faz parte do autoconhecimento saber quais áreas de nossas vidas são mais vulneráveis, trabalhar para superar essas deficiências e ter honestidade e humildade para reconhecer quando erramos, assumindo a nossa parte.

Ao contrário do que muita gente pensa, reconhecer e assumir erros não nos torna mais fracos nem malvistos. Assumir erros é próprio de pessoas fortes, motivadas, interessadas no crescimento pessoal e na melhoria dos processos em que está envolvida. Sim, ao assumir erros, mostramos que estamos priorizando o aprendizado pessoal e o processo em andamento, que pode envolver outras pessoas. Daí que, ao assumir os próprios erros, demonstra interesse pelo bem coletivo e promove a excelência profissional.

ASSUMINDO OS PRÓPRIOS ERROS

"Quem admite os próprios erros – mesmo sem corrigi-los – conseguirá convencer um outro a mudar o comportamento."

Dale Carnegie

Elencar momentos que tive dificuldades de falar sobre um erro cometido:

Hábitos negativos que devo admitir para mim mesmo:

Ações positivas que devo passar a adotar:

Semana 1

MÊS ______________________ **DIAS** ______________________

Segunda-feira Dia ____	Terça-feira Dia ____	Quarta-feira Dia ____

Quinta-feira Dia ____	Sexta-feira Dia ____	Sábado Dia ____

Domingo Dia ____

INFLUÊNCIA DA SEMANA

"A mente instável, que não está ancorada em nenhum princípio imutável, que teima onde seus próprios desejos são ameaçados, e cede quando seu próprio bem-estar moral está em jogo, não tem equilíbrio nem compostura calma."

AUTOR James Allen

KPIs *Equilíbrio / Autoconhecimento*

MEDITE SOBRE ISSO

ANOTAÇÕES

Semana 2

MÊS ______________________ **DIAS** ______________________

Segunda-feira Dia ____	Terça-feira Dia ____	Quarta-feira Dia ____

Quinta-feira Dia ____	Sexta-feira Dia ____	Sábado Dia ____

Domingo Dia ____

INFLUÊNCIA DA SEMANA

"Pessoas extraordinárias possuem um talento especial para identificar seus próprios pontos fortes e fracos."

AUTOR Howard Gardner
KPIs *Foco / Autoconsciência*

MEDITE SOBRE ISSO

ANOTAÇÕES

Semana 3

MÊS ______________________ **DIAS** ______________________

Segunda-feira Dia ____	**Terça-feira** Dia ____	**Quarta-feira** Dia ____

Quinta-feira Dia ____	**Sexta-feira** Dia ____	**Sábado** Dia ____

Domingo Dia ____

INFLUÊNCIA DA SEMANA

“Procure honestamente ver as coisas do ponto de vista de outra pessoa.”

AUTOR Dale Carnegie

KPIs *Honestidade / Complacência*

MEDITE SOBRE ISSO

ANOTAÇÕES

Semana 4

MÊS ______________________ **DIAS** ______________________

Segunda-feira Dia ____	Terça-feira Dia ____	Quarta-feira Dia ____

Quinta-feira Dia ____	Sexta-feira Dia ____	Sábado Dia ____

Domingo Dia ____

INFLUÊNCIA DA SEMANA

"A única coisa que o impede de conseguir o que quer é a história que você continua contando a si mesmo."

AUTOR Tony Robbins

KPIs *Autoconhecimento / Automotivação*

MEDITE SOBRE ISSO

ANOTAÇÕES

ANOTAÇÕES GERAIS

Mês 12

D S T Q Q S S

• INFLUÊNCIAS POSITIVAS •

DATAS IMPORTANTES

• PRIORIDADES DESTE MÊS •

A felicidade é um tema discutido desde a Grécia Antiga pelos principais filósofos do período e segue atraindo pensadores ainda hoje. O que pode trazer felicidade para uns pode não ser o mesmo para outros. Há discussões sobre se a felicidade reside no ter, isto é, na posse de bens, no consumo, nos prazeres sazonais que a indústria cria artificialmente ou se a felicidade consiste no ser, ou seja, em algo interior ao nosso eu, que proporcione realização tal que nos faça felizes, mesmo que não tenhamos grandes recompensas materiais por isso.

Assim, não consideramos razoável afirmar que este ou aquele caminho é o que levará você à plena felicidade, à plenitude de vida e da realização pessoal, porque ao fixar o alvo em um ponto, podemos nos mostrar certeiros para uns e errados para muitos outros. No entanto, uma coisa nos parece certa: como há imensa diversidade de pessoas e, com elas, uma diversidade de realidades de vida e de experiências, parece-nos que o caminho da felicidade seja seguir os próprios instintos que nos levem o maior número de pessoas para um mundo melhor, fazendo, cada um de nós, a parte que nos cabe e sendo felizes naquilo que escolhermos realizar.

TRAÇANDO O CAMINHO DA FELICIDADE E DA PLENITUDE

"Sucesso é conseguir o que você quer, e felicidade é gostar do que você conseguiu."

Dale Carnegie

Observar e elencar o que tenho feito por mim mesmo para proporcionar momentos mais felizes:

Listar coisas que posso eliminar de negativo em meu cotidiano para ter dias mais plenos:

Elencar ações que podem contribuir para gerar momentos mais alegres:

Semana 1

MÊS ______________ DIAS ______________

Segunda-feira Dia ____	Terça-feira Dia ____	Quarta-feira Dia ____

Quinta-feira Dia ____	Sexta-feira Dia ____	Sábado Dia ____

Domingo Dia ____

INFLUÊNCIA DA SEMANA

"Não é o que você tem, ou quem você é, ou onde você está ou o que você está fazendo que o tornam feliz ou infeliz. É o que você pensa sobre isso."

AUTOR William James

KPIs *Autoconhecimento / Foco*

MEDITE SOBRE ISSO

ANOTAÇÕES

Semana 2

MÊS ______________________ **DIAS** ______________________

Segunda-feira Dia ____	Terça-feira Dia ____	Quarta-feira Dia ____

Quinta-feira Dia ____	Sexta-feira Dia ____	Sábado Dia ____

Domingo Dia ____

INFLUÊNCIA DA SEMANA

"Mude a maneira que você olha para as coisas e as coisas para as quais você olha mudarão."

AUTOR Wayne W. Dyer
KPIs *Foco / Objetivos*

MEDITE SOBRE ISSO

ANOTAÇÕES

Semana 3

MÊS ______________________ **DIAS** ______________________

Segunda-feira Dia ____	Terça-feira Dia ____	Quarta-feira Dia ____

Quinta-feira Dia ____	Sexta-feira Dia ____	Sábado Dia ____

Domingo Dia ____

INFLUÊNCIA DA SEMANA

"Esteja disposto a se sentir desconfortável. Fique à vontade para estar desconfortável. Pode se tornar difícil, mas é um preço pequeno a pagar por viver um sonho."

AUTOR Peter McWilliams

KPIs *Automotivação / Objetivos*

MEDITE SOBRE ISSO

ANOTAÇÕES

Semana 4

MÊS ______________________ **DIAS** ______________________

Segunda-feira Dia ____	**Terça-feira** Dia ____	**Quarta-feira** Dia ____

Quinta-feira Dia ____	**Sexta-feira** Dia ____	**Sábado** Dia ____

Domingo Dia ____

INFLUÊNCIA DA SEMANA

"Estas são minhas últimas palavras para você: não tenha medo da vida. Acredite que vale a pena vivê-la e sua crença ajudará a criar esse fato."

AUTOR Wayne W. Dyer

KPIs *Foco / Objetivos*

MEDITE SOBRE ISSO

ANOTAÇÕES

ANOTAÇÕES GERAIS

ANOTAÇÕES GERAIS

ANOTAÇÕES GERAIS

ANOTAÇÕES GERAIS

ANOTAÇÕES GERAIS

ANOTAÇÕES GERAIS

ANOTAÇÕES GERAIS

ANOTAÇÕES GERAIS

Editor: Luiz Vasconcelos
gerente editorial: Letícia Teófilo
produção editorial e capa: Lucas Luan Durães
Diagramação: Manoela Dourado
revisão: Equipe Novo Século

Dados Internacionais de Catalogação na Publicação (CIP)
Angélica Ilacqua CRB-8/7057

Influências positivas : para traçar suas metas e objetivos em direção ao sucesso. -- Barueri, SP : Novo Século Editora, 2022
160 p. : il., color.

ISBN 978-65-5561-512-8

1. Autoajuda 2. Sucesso 3. Administração do tempo 4. Metas e objetivos - Agendas

22-7079 CDD 158.1

Índices para catálogo sistemático:

1. Autoajuda

figurati

Alameda Araguaia, 2190 – Bloco A – 11º andar – Conjunto 1111
CEP 06455-000 – Alphaville Industrial, Barueri – SP – Brasil
www.gruponovoseculo.com.br | atendimento@gruponovoseculo.com.br

INFLUÊNCIAS POSITIVAS